**Bernd Römmelt**

# Die Zugspitze
## und das Wettersteingebirge

Bernd Römmelt

# Die Zugspitze
## und das Wettersteingebirge

rosenheimer

Tribulaun
3096
Habicht
3277
Östl. Feuerstein
3268
Westl. Feuerstein
3250
Wilder Freiger
3418
Botzer
3260
Zuckerhütl
3507
Schrankogl
3496
Stubaier Alpen
Hohe Munde
2659
Mieminger Geb
Nördl. Lindersp.
2374
Östl. Karwendelsp.
2384
Brunnsteink.
1924
Gr. Arnspitze
2196
Arnplattensp.
2171
Ötelekopf
2478
Dreitorspitze
2682
Scharnitzsp.
2463
Oberreintalschrofen
2524
Hundstallköpfe
2534
Teufelsgrat
2654
2190
Rotwandlsp.
Riedkopf
1860
Scharnitz
964
Untere
2152
Obere
2297
Wettersteinsp.
Rotplattensp.
2399
2483
Wettersteinkopf
Musterstein
2476
Frauenalpsp.
2352
Wettersteinwand
Wetterstein
Oberreintalh.
Schachen
1866
2288
Hoher Gaif
Osterfelder K.
2050
Stuiben
1924
Mittenwalder H.
Leutasch
Grünkopf
1587
Wettersteinalm
Wettersteinwald
Reintal
Partnach
Kreuzjoch
1719
1650
Kreuzeck
Schwarz
1819
MITTENWALD
912
Lautersee
Ferchensee
1391
H. Kranzberg
St. Anton
Reintal
Garmischer Hs.
Eckbauer
Graseck
Partnachklamm
Bayernhs.
Rießerkopf
Hausberg
Elmau
Wamberg
996
Klais
Gerold
Geroldsee
Grubsee
Barmsee
Bischof
2033
Wank
1780
Skistadion
Kochelberg
Mileal m
Rießersee
1985
Kramer
Krottenkopf
2086
Hoher
1940
Niedr.
1881
Fricken
Schindlersk.
1940
Kareck
2046
1964
Henneneck
2049
Ob. Rißkopf
GARMISCH-
PARTENKIRCHEN
708
Brünstelskopf
1814
Platteneck
1804
Hohe Kisten
1922
Simetsberg
1840
Zwölferk.
1656
Zundereck
1478
Farchant
671
Rabenkopf
1184
Notkarspitze
1888
Ziegelspitz
1718
Hirschberg
1659
Osterfeuerberg
1365
Rauheck
1590
Oberau
659
Ettaler Manndl
1633
Kofel
1341
Brunnberg
1529
1622
Sonnenberg
Loisach
Höllstein
1435
Ettal
877
A
Kolbensattel
Sonn
Asamklamm
Vestbühl
725
Laberberg
Aufacker
1542
m
1385
Steckenberg
Eschenlohe
639
Plaiken
Oberammergau
837
Passionstheater
Rehbreinkopf
1416
Schwaigen
Hinteres
1548
Ohlstadt
664
1484
Vorderes
1496
Mittleres
Unterammergau
837
Hörnle
Murnauer Moos
Grafenaschau
Sche
Hechendorf
Ramsach
Bad Kohlgrub
828
Seeleiten
Westried
Altena
Murnau
688
Staffelsee
Froschhsn.
Wörth
Obernach
Saulgrub
Riegsee
Riegsee
660
Egling
Seehsn.
Kehr
Spatzenhsn.
Hofheim
Egelfing
Rieden
Uffing
659
Harberg
Brand
Schöffau
Höldern
Bad

Ö t z t a l e r A l p e
Hoher First 3405
Hochwilde 3482
Schalfkogel 3540
Similaun 3607
Wildspitze 3772
Fluchtkogel 3500
Hochplattig 2758
Schneefernerkopf 2874
Zugspitze 2963
Griesspitzen 2741
Drachenkopf 2561
Grünstein 2660
Wannig 2493
Tschirgant 2372
Venetberg 2513
Gatterlkopf 2474
Platt
Mieminger Gebirge
Sonnenspitz 2417
Marienbergjoch 1796
Gartnerwand 2353
Imst
Gatterl 2023
Höllentalsp. 2743
Gr. Riffelwandsp. 2626
Grubigstein 2233
Fernpaß 1209
Blindsee
Alpschrofen 2303
Bleispitze 2227
Daniel 2342
Biberwier
Lermoos
Riffelriß
Waxensteine
Ehrwald 996
Hochwanner 2085
Hochschrutte 2247
Mähberg
Obermoos
Lähn
Kohlbergsp. 2202
Spitziger Brand 1816
Langegg 1848
Lichtbrenntjoch 1971
Mitterjoch 1881
Auf den Törlen
Wettersteinalm
Hochschober 1474
Spießwand
Neuneral m
Zahnradbahn
Eibsee
Miesingberg
1137
Grainau 758
Heiterwang See
H. Ziegsp. 1864
Grießberg 1728
Schellschlicht 2053
Schwarzenkopf 1897
Geierköpfe 2163
Zwerchenberg 1683
Plansee
1823
Zwieselberg
Loisach
Frieder 2050
Griesen
Windstierlkopf 1824
Kreuzspitze 2185
Kreuzkopf 1910
Kienjoch 1953
Ammerwald
Hoher Straußberg 1934
Krähe 2012
Kieneckssp. 1943
2022
2024
Kuchelberg
Hochplatte 2082
Branderschrofen 1880
Große 1925
Geiselstein 1884
Tegelberg 1707
Pürschling 1566
1758
Feigenkopf
Firstberg 1783
Laubeneck
Linderhof Schloß
Dreisäule 1629
Brunnenkopf 1718
Kleine 1882
Kenzenh.
Klammspitz
Schwarzenkopf 1682
Roßstallkopf 1483
Hennenkopf 1768
1703
Schönleitenschrofen
Roßkopf 1172
Buchenberg 1141
Hohe Bleick 1638
Wolfskopf 1527
Reiselsbergh.
Halblech
Bannwaldsee
Hochwildfeuerberg 1541
Görgeleck 1429
Schwarzeck 1471
Buching
Unternogg
Hoher Trauchberg
Halblech
Trauchgau 792
Bayerniederhofen
Schapfens.
Halbammer
Peustelsau
1012
Schneidberg
Ach
Unter-
Ober-
reithen
Kreut
Resle
Frohreiten
Morgenbach
Schildschwaig
Prem
Wies
Kreuzberg
Straubenbach
Premer Lechsee
Wildsteig
Schwaig
Unterried
Steingaden

# Inhaltsverzeichnis



Seite 1: Das Gipfelkreuz auf der Zugspitze

Seite 2: Prächtige Sommerwiese vor den Wettersteinwänden

In der Partnachklamm herrscht eine fast mystische Stimmung.

# Vorwort

Was ist Heimat? Für viele der Ort, an dem Freunde, Familie und Bekannte wohnen. Das mag stimmen, doch mir ist dieser Heimatbegriff zu eng gefasst. Für mich zählen zur Definition von Heimat auch Landschaften, Gebäude, Gerüche …!

Ich bin in München geboren, lebe dort und liebe diese Stadt. Hier lebt meine Familie, hier leben meine Freunde, hier kenne ich mich aus. Das gibt mir Sicherheit – und das ist wahrscheinlich der Sinn und Zweck von Heimat. Warum fahre ich aber nach langen Reisen zuallererst auf die A 95 Richtung Garmisch, um endlich »meinen Hausberg«, die Zugspitze, wiederzusehen? Erst in dem Moment, in dem »er« auf Höhe von Seeshaupt das erste Mal ins Blickfeld kommt, fühle ich mich richtig zu Hause. Die Zugspitze, dieser Koloss am Alpenrand, ist für mich zur zweiten Heimat geworden. Der Blick über den Starnberger See bei St. Heinrich auf das Bergmassiv vermittelt mir ein Gefühl von Geborgenheit. Dieser Berg und sein Gebirge sind für mich etwas ganz Besonderes – eine Art zweite Heimat.

Wobei ich zugeben muss, dass ich erst vor knapp zehn Jahren das erste Mal ganz oben war. Meine Kindheit verbrachte ich – typisch Münchner – eher in den Tegernseer Bergen, auf dem Wallberg, dem Setzberg oder dem Ross- und Buchstein. Auch während meiner Jugend ging ich eher auf die »Beniwand« (Benediktenwand) oder den Jochberg. Die Menschenmassen auf dem Dach Bayerns und Deutschlands haben mich immer abgeschreckt. Als ich mich dann an einem eiskalten Wintertag doch mal hochwagte – natürlich schön gemütlich mit der Eibseeseilbahn – wurde ich geradezu erschlagen von dieser Sicht, der Kälte, der Klarheit der Luft. Seitdem war ich sicherlich weitere dreißig Mal auf dem Gipfel, meist im Winter, wenn ein bisschen weniger los ist. Ich beschloss damals, dieses Gebirge näher zu erkunden. Heute führen meine Lieblingsbergtouren nicht mehr auf die Berge des Mangfallgebirges, sondern hinein ins Wetterstein. Zur Meilerhütte, von Ehrwald durchs Gatterl über die Knorrhütte auf die Zugspitze, durch die Partnachklamm ins Reintal, auf die »stille« Gehernspitze über dem Leutaschtal … weg vom Trubel des Gipfels – ja, auch das gibt es am Zugspitzmassiv und im Wetterstein.

Ein Buch über diese mir so ans Herz gewachsene Berglandschaft zu fotografieren, ist für mich ein großes Glück, aber auch eine enorme Herausforderung. Will man sein Lieblingsgebirge doch von seiner schönsten Seite zeigen. Ich erhebe mit meinen Bildern keinen Anspruch auf Vollständigkeit. Sie zeigen das, was ich in den letzten knapp fünf Jahren am und um den Berg mit meiner Kamera erlebt und gesehen habe.

Nach einer langen Reise in den hohen Norden der Welt war ich kurz nach meiner Heimkehr wieder im Wetterstein unterwegs. Meine Lieblingstour führte mich von der Ehrwalder Alm Richtung Gatterl und von dort Richtung Steinernes Hüttl. Irgendwo auf halbem Weg schlug ich mein Nachtlager auf – Isomatte und Schlafsack genügten. Aus einiger Entfernung beobachtete ich vier junge Gämsen, die über ein Altschneefeld tobten. Ich legte mich in meinen Schlafsack, im Süden über mir die Milchstraße, im Norden die Lichter der Zugspitzgipfelstation … absolute Ruhe … endlich war ich daheim angekommen!

Ich wünsche Ihnen, liebe Leserinnen und Leser, viel Spaß mit dem Buch!

Bernd Römmelt

Seite 10/11: Ein Gewitter ist über das Wettersteingebirge und das Zugspitzmassiv hinweggezogen.

Seite 12/13: Was für ein Wintertag auf dem Laber, im Hintergrund das lang gezogene Zugspitzmassiv

Seite 14/15: Aus dem flachen Alpenvorland heraus wirkt das Zugspitzmassiv fast kolossal.

Seite 16/17: Die Zugspitze, vom Tegelberg aus gesehen

Seite 18/19: Ein Wintersturm peitscht über die Zugspitze und das Wetterstein. Die Temperaturen sinken auf minus 25 Grad.



An schönen Tagen versuchen sich »die Massen« an den letzten 20 Metern von der Bergstation auf den Gipfel.

# Die Zugspitze – kein Berg wie jeder andere

Die Zugspitze ist eine Augenweide, da können Skeptiker, die den schönen Watzmann ein paar Kilometer weiter im Osten oder den Wendelstein noch ein paar Kilometer näher bevorzugen, sagen was sie wollen. Nähert man sich dem Zugspitzmassiv von Norden, aus dem relativ flachen Alpenvorland, dann wirkt es richtig kolossal. Fährt man auf der A 95 München–Garmisch-Partenkirchen Richtung Süden, dann rückt das Bergmassiv das erste Mal bei Seeshaupt ins Blickfeld. Beim Anblick dieses Riesen aus Stein und Fels schießt einem durch den Kopf: »Endlich a gscheits Hochgebirge.« Die nördlichen Wände wirken aus der Ferne ebenmäßig – ein langer Kamm, der im Westen in den Zugspitzgipfel mündet. Je näher man kommt, desto ungleichmäßiger wird die Struktur des Berges. Langsam erkennt man, wie zackig dieses Massiv doch eigentlich ist. Links die pyramidenförmige Alpspitze, dann die zerklüfteten Waxensteine, die aus der Ferne wie eine einheitliche Wand aussehen, und rechts der 2.962 Meter hohe Zugspitzgipfel, der höchste Deutschlands.

Lange war die Zugspitze für die Einheimischen tabu. Der Sage nach hauste dort oben der Zuggeist, ein Geiermonster, das jeden, der die Ruhe des Berges störte, in die Tiefe schleuderte. Seinen Namen verdankt der Berg jedoch nicht diesem Ungeheuer, sondern höchstwahrscheinlich den in vielen Bahnen abgehenden Lawinenzügen. Die Zugspitze oder der Zugspitz, wie der Berg noch bis Mitte des 19. Jahrhunderts genannt wurde, war der Gipfel oberhalb dieser Lawinenbahnen.

Wer der Erste war, der sich in das Reich des Zuggeistes wagte, ist bis heute nicht hundertprozentig geklärt. Als erster namentlich bekannter Zugspitzbezwinger darf heute aber getrost Leutnant Josef Naus mit seinen beiden Begleitern Johann Georg Tauschl (in manchen Quellen auch »Deuschl« genannt) und einem gewissen Maier, dessen Vorname unbekannt ist, gelten. Das Trio erreichte am 27. August 1820 nach einigen Strapazen – unter anderem einer schlaflosen Nacht in der flohverseuchten alten Angerhütte im Reintal – den Gipfel. Die mühevolle Besteigung wurde von mehreren Seiten angezweifelt, da es außer den am Gipfel Anwesenden natürlich keine weiteren Zeugen dieser Heldentat gab. Naus und seine Weggefährten hätten einen Beweis erbringen sollen, wie nach ihnen Simon Resch, sein Sohn Johann und Johann Barth, die im September 1834 anlässlich ihrer Zugspitzbesteigung als weithin sichtbares Zeichen für die Welt ein Feuer am Gipfel entfachten. Die Diskussion, ob Naus nun wirklich auf der höchsten Erhebung, dem Ostgipfel, war oder doch nur den wenige Meter tiefer gelegenen Westgipfel erreichte, ist müßig, war er aller Wahrscheinlichkeit ohnehin nicht der erste Mensch auf dem Dach Deutschlands. Es liegt nahe, dass irgendein Förster, Jäger oder Schmuggler schon lange vor Naus auf dem Gipfel der Zugspitze stand und sich seiner Heldentat gar nicht bewusst war.

Die erste Besteigung von der Tiroler Seite, von Ehrwald aus, gelang im August 1838 Joseph Feuerstein zusammen mit Joseph Sonnweber. Als Beweis ihrer Besteigung pflanzten die beiden eine Signalstange mit ihren Initialen auf dem Westgipfel der Zugspitze auf.

Das erste richtige Gipfelkreuz wurde 1851 auf dem Westgipfel der Zugspitze errichtet. 28 Mann waren nötig, um das 300 Pfund schwere Kreuz auf den Gipfel zu schaffen.

So langsam begann die »massentouristische« Erschließung des Berges. Die Städter wollten raus aus der Zivilisation, rein in die Natur. Durften sich bis Mitte des 19. Jahrhunderts lediglich 22 Bergsteiger als Gipfelbezwinger feiern lassen, waren es 1899 bereits 1.600. Bis zum Jahr 1926, dem Jahr des ersten Seilbahnbaus, stieg die Zahl der Gipfelstürmer schon auf über 10.000.

Bereits Anfang des 20. Jahrhunderts machten sich die Garmischer Gedanken über eine Bahn zur Zugspitze. Die Schweizer hatten es den Bayern mit dem Bau der Zahnradbahn auf das Jungfraujoch vorgemacht. Doch es waren die Österreicher, die dann die Nase vorn hatten.



Ein Wintermorgen auf der Zugspitze. Im Vordergrund das Zugspitzplatt, dahinter der Wettersteinkamm, im Hintergrund die Hohe Munde und der Alpenhauptkamm

Am 5. Juli 1926 war es so weit. Die Tiroler Zugspitzbahn öffnete ihre Pforten. Von Ehrwald ging es bis auf 2.805 Meter Höhe. Lediglich die letzten 160 Meter mussten noch zu Fuß zurückgelegt werden. Angesichts dieses Vorsprungs Österreichs musste es auf der bayerischen Seite nun ganz schnell gehen. Am 1. April 1928 wurde einem Konsortium deutscher Unternehmen die Genehmigung zum Bau einer Zahnradbahn auf die Zugspitze erteilt, und bereits am 19. Dezember 1929 war das erste Teilstück zwischen Garmisch und Eibsee fertiggestellt. Der weitere Bau gestaltete sich als äußerst schwierig, musste doch ein kilometerlanger Tunnel durch den Berg gegraben werden. Insgesamt wurden 85.000 Kubikmeter Erde und 160.000 Kubikmeter Fels umgegraben und knapp 198.000 Kilogramm Sprengstoff verwendet. Zeitweise waren bis zu 2.500 Arbeiter beschäftigt. Zehn Männer kamen während der Bauarbeiten ums Leben. Am 8. Juli 1930 konnte die Zahnradbahn durch den Erzbischof der Diözese München und Freising, Kardinal Michael von Faulhaber, feierlich eröffnet werden. Am 20. Januar 1931 wurden an der Endstation der Zahnradbahn das Hotel Schneefernerhaus und die Gipfelseilbahn fertiggestellt. Nun konnten endlich auch die letzten »Fußkranken« problemlos den höchsten Berg Deutschlands bezwingen. Die Österreicher hatten Konkurrenz bekommen. Was heißt Konkurrenz? Die Bayern waren den Tirolern nun voraus, endete deren Seilbahn doch 160 Höhenmeter unterhalb des Gipfels. 1937 wurde ein 720 Meter langer Tunnel zwischen der Tiroler Gipfelstation und dem Schneefernerhaus geschaffen, sodass nun auch die Touristen aus Österreich problemlos bis zum Gipfel vorstoßen konnten.

Am 15. Mai 1963 waren es wieder die Bayern, die eine neue Seilbahn in Betrieb nahmen, die Eibseeseilbahn. Lediglich durch zwei Stützen getragen, eine 65 Meter, die andere 85 Meter hoch, befördert sie seitdem die Besucher auf einer Strecke von 4.450 Metern und einer Höhendifferenz von 1.950 Metern in nur zehn Minuten auf den Gipfel.

Bereits am 15. Mai 1964 zogen die Österreicher nach. Sie nahmen eine neue Seilbahn in Betrieb, die nun auch ganz hinauf auf den Gipfel führte. Ein Jahr später erfolgte die Einweihung des großen Panoramarestaurants.

Am 15. Januar 1988 eröffnete die Bayerische Zugspitzbahn AG die neue Verbindung »Rosi-Tunnel«, benannt nach der berühmten Rosi Mittermaier. Endstation war nun nicht mehr das Schneefernerhaus, sondern das Zugspitzplatt auf 2.588 Metern Höhe. Ein Jahr später eröffnete dort das Restaurant SonnAlpin, von dem man mit der Gipfelseilbahn in nur wenigen Minuten den Zugspitzgipfel erreicht. Der Zuggeist war nun endgültig besiegt.

Könnte das Münchner Haus, das bereits am 19. September 1897 auf dem Gipfel eingeweiht wurde, sprechen, dann würde es sicherlich von der guten alten und vor allem ruhigen Zeit erzählen, als die Gipfel der Berge noch den echten Abenteurern vorbehalten waren. Doch wenn am Abend alle Tagesausflügler wieder unten im Tal sind, dann kehrt auf diesem bereits sehr mitgenommenen Gipfel eine Ruhe ein, die vor 100 Jahren nicht schöner hätte sein können. Der Gipfel gehört nun wieder den Alpendohlen und den paar wenigen Bergsteigern, die am nächsten Tag über den Jubiläumsgrat zur Alpspitze hinüberkraxeln wollen oder über das Zugspitzplatt hinunter ins Reintal absteigen werden.

Die Zugspitze ist eben kein Berg wie jeder andere!



Die Alpspitze lugt aus dem Morgennebel.

Die Zahnradbahn bringt die Touristen von Garmisch aus in 73 Minuten auf das Zugspitzplatt.

Die Eibseeseilbahn ist ein wenig schneller. Sie benötigt lediglich zehn Minuten, und man ist ganz oben.

Seite 26/27: Das Zugspitzmassiv, aus dem Murnauer Moos heraus gesehen.
Rechts daneben Kramer, Ettaler Manndl und Laber

Im Winter ist »auf« SonnAlpin die Hölle los.

Einsamer ist es da schon an der Isar nahe Vorderriss.
Im Hintergrund das Zugspitzmassiv

Seit einiger Zeit werden Sonnenauf- und -untergangsfahrten auf die Zugspitze angeboten – bei Prachtwetter wirklich ein besonderes Erlebnis.

Doppeltes Gipfelglück. Der Zugspitzgipfel spiegelt sich im Fenster des Panoramarestaurants.

Seite 32/33: Das Zugspitzmassiv aus einem Heißluftballon aus knapp 3.500 Metern Höhe

Seite 34/35: Im Tal ist es schon Frühling, auf der Zugspitze dauert es noch ein bisschen.

# Der Gipfel des Wahnsinns – das Münchner Haus und mehr …

»Da geht's ja zua wia am Stachus«, ruft ein entsetzter Bergsteiger, der gerade aus dem Höllental heraufkommt und dem Treiben auf dem Gipfel fassungslos gegenübersteht. Der Vergleich mit dem Stachus, einem der verkehrsreichsten Punkte Europas, ist zwar ein wenig übertrieben, doch hektisch geht es hier, am Gipfel der Zugspitze, schon zu – zumindest wenn die Sonne scheint. Drei Bergbahnen befördern an schönen Tagen bis zu 5.000 Gäste. Jährlich sind es mehr als eine halbe Million Menschen, die die Gipfelstationen besuchen. Die Stationen gleichen einer kleinen Stadt. Hier gibt es alles, was man am Berg (nicht) braucht: Auf drei Stockwerken finden sich ein Kiosk, ein Videosaal, ein Gipfelstüberl, ein über 400 Quadratmeter großer Ausstellungsraum, ein Panoramabistro, mehrere Biergärten – natürlich die höchsten Deutschlands – und selbstverständlich Internetanschluss.

Bereits 1883 fanden Gipfelbezwinger auf der Zugspitze ein Dach über dem Kopf. Ein paar Meter unterhalb des Westgipfels errichtete die Sektion München des Deutschen Alpenvereins ein kleines Unterstandhüttchen, das bis zu zwölf Bergsteigern Platz bot.

Das Hüttchen am Zugspitzgipfel war aber schon damals nur eine Übergangslösung, strebte man doch nach mehr. Auf der Generalversammlung der Sektion München stimmte am 11. Dezember 1893 die Mehrheit der Mitglieder für den Bau des Münchner Hauses. Vor allem die jungen Mitglieder des Alpenvereins leisteten erbitterten Widerstand. Sie wollten den Gipfelsturm der Massen nicht noch mehr fördern. Die Hütte wurde trotzdem gebaut. Am 21. April 1896 erteilte das Königliche Bezirksamt Garmisch die Baugenehmigung. Um Platz zu schaffen, wurde kurzerhand ein 200 Quadratmeter großer Bauplatz knapp unterhalb des Westgipfels in den Fels gesprengt. Das Baumaterial auf den Gipfel zu schaffen, muss nahezu übermenschliche Anstrengungen erfordert haben. Damals gab es noch keine Gondel, die die Arbeiter samt Material auf die höchste Baustelle Deutschlands gebracht hätte. Als Transportmittel standen lediglich Pferde und Mulis zur Verfügung. Die Bauarbeiten dauerten zwei lange Sommer. Am 19. September 1897 konnte das Münchner Haus endlich seine Pforten öffnen.
Kamen im ersten Jahr schon ca. 1.800 Gäste zum Münchner Haus, waren es nur zehn Jahre später bereits über 4.000. Nach dem Ersten Weltkrieg drängten dann immer mehr Bergsteiger hinauf auf den Gipfel. 1923 zählte man knapp 30.000 Gäste auf der Hütte – und das, obwohl noch gar keine Bahn hinaufführte. Mit dem Jahr 1925 begann die bis heute andauernde Ära der Familie Barth. Der Zugspitzvater Anselm Barth bewirtschaftete das Münchner Haus bis zu seinem tragischen Absturz in einer kalten Dezembernacht 1931. Nachfolger wurde sein erst neunzehnjähriger Sohn Anselm Barth. Er sollte zum Schutzengel des Höllentals werden – er rettete insgesamt 356 Menschen aus Bergnot – wofür er mit der Bayerischen Rettungsmedaille ausgezeichnet wurde.

1974 folgte ihm der Dritte im Familienbunde der Barths, ein weiterer Anselm, der die Hütte bis 1982 führte. Sein Sohn Hansjörg übernahm das Münchner Haus 1982 und führt es auch heute noch. An schönen Tagen sitzt Hansjörg bei einem guten Bier auf seinem kleinen Aussichtsbalkon auf dem Dach der Hütte und füttert seine Dohlen. Diese abendliche Ruhe hat er sich redlich verdient, denn an solchen Tagen herrscht voller Betrieb. Viele Zugspitzbesucher machen Halt in Deutschlands höchstgelegener Hütte. Und man kann es den vielen Bahnfahrern und wenigen Bergsteigern gar nicht verdenken. Wer an einem klaren Herbst- oder Wintertag auf dem Aussichtsbalkon Zugspitze steht, der wird mit einer wahren Traumsicht belohnt. Im Norden schweift der Blick auf die Ammergauer Alpen, das Estergebirge und die Bayerischen Voralpen, im Osten erhebt sich das wilde Karwendel in den bayerischen und Tiroler Himmel, dahinter die majestätischen Gipfel der Hohen Tauern, im Süden kommen Zillertaler, Stubaier und Ötztaler Alpen ins Blickfeld, und im Westen reicht die Sicht bis zu den Lechtaler und Allgäuer Alpen und manchmal sogar bis zum Säntis in der Schweiz. Gigantische 260 Kilometer Fernsicht kann man hier oben erleben – da nimmt man den Trubel am Gipfel zumindest manchmal gerne in Kauf.



Der Zugspitzgipfel samt Gipfelstation von der Upsspitze in den Ammergauer Alpen

Das Münchner Haus auf dem Zugspitzgipfel

Der Hüttenwirt Hansjörg Barth füttert seine Dohlen auf dem Balkon des Münchner Hauses.

Seite 40/41: Nur die Leutascher Dreitorspitze lugt noch aus dem Nebelmeer.

Der Gipfel der Zugspitze, dahinter der legendäre Jubiläumsgrat hinüber zur Alpspitze

Sonnenuntergang über dem Münchner Haus

Arktische Verhältnisse am Gipfel

Blick hinüber auf die Ammergauer Alpen, im Hintergrund der markante Gipfel des Säulings

Der Wahnsinn hat Methode – Impressionen eines Sommertages auf der Gipfelstation (links und rechts)

Seite 48/49: Ein gigantischer Wintertag auf der Zugspitze geht zu Ende. Die Abendsonne taucht den Nebel und die Ötztaler Alpen in oranges Licht.

Die Hohe Munde im Licht der aufgehenden Sonne

Abendrot über Wettersteinkamm und Mieminger Kette, dahinter der Alpenhauptkamm

Der Waxensteingrat, dahinter das Estergebirge

Typische winterliche Inversionswetterlage auf der Zugspitze. Die Täler versinken im Nebel, die Berggipfel werden von Sonne verwöhnt.

Seite 54/55: Die Lechtaler Alpen ragen aus dem Nebelmeer. An klaren Tagen reicht der Blick über 200 Kilometer weit.

# Übers Wetter und das Klima

Das Gebirge führt das Wort ja schon im Namen – also muss es was auf sich haben mit dem Wetter und dem Klima über dem Wetterstein. Aufmerksame Beobachter kennen das Phänomen: Alle Berge sind frei, nur die Zugspitze steckt in dicken Wolken. Manchmal ist es aber auch umgekehrt, aus einem Meer von Wolken lugt lediglich die Zugspitze hervor. Das mögen subjektive Beobachtungen und keineswegs wissenschaftlich belegte Fakten sein, doch eines ist sicher: Das Zugspitzmassiv liegt im Bereich der Westwindzone, das heißt, das Gebirge ist eines der ersten geografischen Hindernisse der Westwinde in den Alpen. Dadurch ist der Bergstock Wetterereignissen besonders ausgesetzt. Manchmal kommt es dann zur berühmten Nordstaulage an den Alpen. Die feuchten Luftmassen stauen sich am Gebirge, was zu intensiven Niederschlägen führen kann. Zum Glück aber bläst an durchschnittlich 60 Tagen im Jahr der Föhn über das Zugspitzgebiet und sorgt selbst an manchen Februartagen für 15 Grad Celsius. Trockene und warme Luftmassen strömen dabei von Süd nach Nord und führen selbst im Winter zu außergewöhnlich milden Temperaturen.

Betrachtet man das Zugspitzmassiv rein klimatisch, so gehört es theoretisch zur gemäßigten Klimazone. Natürlich nur rein theoretisch, herrschen am Zugspitzgipfel doch arktische Verhältnisse. So zeigten die Messungen, dass dort zwischen den Jahren 1961 und 1990 die durchschnittliche Temperatur minus 4,8 Grad Celsius betrug. Vergleichbare Werte findet man auf Meereshöhe zum Beispiel weit im Norden auf Spitzbergen im Arktischen Ozean. Der Zugspitzgipfel ist ein Ort der Extreme. An 310 Tagen im Jahr herrscht Frost. Die tiefste gemessene Temperatur auf der Zugspitze betrug am 14. Februar 1940 minus 35,6 Grad Celsius, 1944 türmte sich der Schnee auf über acht Meter.

Der 5. Juli 1957 brachte dagegen den höchsten je festgestellten Wert mit 17,9 Grad Celsius. Laut Wetterbilanz des Deutschen Wetterdienstes war die Zugspitze 2009 mit einem Jahresmittel von minus 4,2 Grad Celsius der kälteste Ort Deutschlands.

Woher stammen all diese Messungen? Schon zwischen 1899 und 1900 wurde am Münchner Haus ein meteorologisches Observatorium eingerichtet, die Königlich Bayerische Meteorologische Hochstation Zugspitze. Am 19. Juli 1900 nahm die Station ihren Dienst auf.

Sieben Monate am Stück verbrachte der erste Wetterbeobachter, Josef Enzensperger, auf seiner Station, und das während der dunklen Wintermonate. Ihn störte dieser Umstand nicht, trainierte er doch gerade für eine lange Antarktis-Expedition.

Neun Meter misst der Turm der Wetterbeobachter. Er wurde vor über 100 Jahren so stabil auf dem Zugspitzgipfel verankert, dass er bis heute jedem Wetter trotzt. Was insbesondere für die Wissenschaftler von Bedeutung ist: Bis heute schattet kein anderes Gebäude den Turm ab, sodass es im Laufe der Zeit zu keiner Veränderung der Wärmeverhältnisse gekommen ist. Früher gemessene Wetterwerte können so problemlos mit den heutigen Daten verglichen werden.

Seit 1952 ist die Wetterstation auf der Zugspitze eine Dienststelle des Deutschen Wetterdienstes. Die Wetterwarte liefert stündlich Meldungen über Temperatur, Luftdruck, Strahlung, Windgeschwindigkeit sowie Art und Grad der Bewölkung. Alle sechs Stunden erfolgt eine Niederschlagsmessung, alle zwölf Stunden wird die Schneehöhe ermittelt. Ein Sonnenscheinautograf misst die Sonnenscheindauer. Zusätzlich betreuen die Wetterbeobachter heute die Geräte der Universität Erlangen und des Bayerischen Landesamts für Umweltschutz, die am Gipfel installiert wurden. Seit 1998 ist die Zugspitze außerdem Teil des Global-Atmosphere-Watch-Programms, welches weltweit klimarelevante Stoffe in der Atmosphäre misst.

Die Forschung hat sich aber nicht nur auf dem Gipfel einquartiert, 300 Meter tiefer im Schneefernerhaus hat sich eine ganze Umweltforschungsstation etabliert. Früher war das Schneefernerhaus ein Hotel. Am 20. Januar 1931



Die Antennen der Wetterstation leisten »Schwerstarbeit«.

Eine heftiges Gewitter tobt über dem Wettersteingebirge (oben) und dem Zugspitzmassiv (rechts).

wurde es ein paar hundert Meter unterhalb des Gipfels eröffnet. 60 Jahre gingen hier Gäste aus aller Welt ein und aus. Doch die Zeiten änderten sich. Die Gäste blieben aus, und so endete 1992 das illustre Treiben, der gesamte Hotel- und Gastronomiebetrieb wurde geschlossen. Zwischen 1993 und 1997 wurde das ehemalige Hotel für mehr als 13 Millionen Mark in die Umwelt-Forschungsstation Schneefernerhaus umgebaut. Der achtstöckige Gebäudekomplex eignet sich ideal für Klimaforschung. Klares, ungetrübtes Sonnenlicht und reine Luft, frei von Staub und Abgasen der Autos, schaffen beste Voraussetzungen für Spitzenforschung am Berg. Dauermieter sind heute der Deutsche Wetterdienst und das Umweltbundesamt. Ein knappes Dutzend Wissenschaftler sind in den umgebauten Gästezimmern einquartiert. Kern ihrer Arbeit sind radiologische und luftchemische Messungen.

Josef Enzensperger, der erste Wetterwart auf der Zugspitze, betrachtete die langen, einsamen Wintermonate auf der Zugspitze als »eines der schönsten Jahre meines Lebens«. Ob das für die heutigen Wetterbeobachter auch noch gilt?



Seite 60/61: Das Zugspitzmassiv, von Osten aus gesehen:
links der Blassenkamm, in der Mitte die Alpspitze, rechts die Zugspitze

Die Zugspitze scheint ihr eigenes Wetter zu kreieren ...!

Was für eine Sternennacht: die Milchstraße über der Mieminger Kette

Technik am Berg: das Schneefernerhaus und die Messanlagen der Wetterstation auf dem Zugspitzgipfel (links und rechts)

Seite 66 /67: Fantastisches Morgenrot über dem Zugspitzmassiv, gesehen von Münsing am Starnberger See

Manchmal fegen Stürme mit mehr als 100 Stundenkilometern über die Bergspitzen des Wettersteingebirges.

Föhnhauben über dem Wetterstein künden von einem Wetterumschwung.

# »Zugspitzland« – rund um das Wettersteingebirge

Den schönsten Blick auf das Zugspitzmassiv hat man von Norden, vom Riegsee, nein, von Murnau über das Murnauer Moos – oder doch von Osten über das obere Isartal oder gar von Westen vom Daniel in den Ammergauer Alpen? Es ist müßig, darüber zu spekulieren, welcher Blick auf das Zugspitzmassiv nun der schönste ist. Die Zugspitze schaut aus allen Richtungen anders aus, anders schön.

»Zugspitzland« – unter diesem Werbeslogan hat sich vor ein paar Jahren eine ganze Region zusammengeschlossen (die Gemeinden Garmisch-Partenkirchen, Farchant, Grainau und Oberau), um für sich den Bekanntheitsgrad der Zugspitze zu nutzen. Der Berg prägt die Region nicht nur optisch, sondern spielt seit jeher auch für den Tourismus eine zentrale Rolle. So kam beispielsweise Hans Leberle in seinem »Führer durch das Wettersteingebirge« von 1904 schon zu dem Ergebnis: »Man hat das Wort ›Modeberg‹ geprägt für Gipfel, welche aus irgendeinem Grunde von Bergsteigern aufgesucht werden. Das war die Zugspitze. Jetzt ist sie Modeberg für alle Welt. Jetzt ist sie ein Geschäftsberg großen Stils, der mächtige Reklameschild des ganzen Loisachtales.« Wir wollen die Bezeichnung »Zugspitzland« aber nicht nur auf die vier oben genannten Gemeinden beschränken, sondern diesen Begriff auf das ganze Gebiet rund um die Zugspitze und das Wetterstein ausdehnen.

Würde man die Tiroler Zugspitzregion außen vor lassen, dann könnten wir die bayerische Region rund um die Zugspitze auch ganz traditionell als Werdenfelser Land bezeichnen. Die Region im »Schatten der Zugspitze« wird gerne »goldenes Landl« genannt. Golden deswegen, weil sie schon früh zu Wohlstand gelangte. Grund hierfür war die Rottstraße, eine alte Handelsroute, die sich vom Inntal durchs Werdenfelser Land bis nach Augsburg schlängelte. Wertvolle Güter wie Kupfer, Blei, Felle, Eisen, Stoffe, Gewürze, Öl und Wein nahmen ihren Weg durch das Landl und brachten Orten wie Mittenwald, Partenkirchen oder Ettal bescheidenen Wohlstand.
Das urbane Zentrum des Werdenfelser Landes ist heute der Doppelort Garmisch-Partenkirchen. Das Wort Doppelort ist für viele alteingesessene Garmischer und Partenkirchner immer noch negativ besetzt. Bis 1935 waren beide Ortsteile nämlich nicht nur durch den Bindestrich, sondern tatsächlich voneinander getrennt. Anlässlich der Olympischen Winterspiele vereinigten die Nationalsozialisten die beiden Orte zwangsweise, da keiner der zwei Gemeinden zugetraut wurde, die Spiele allein auszurichten. Der Rivalität der beiden Ortsteile hat der Zwangszusammenschluss aber bis heute keinen Abbruch getan. Es gibt weiterhin zwei Trachtenvereine, zwei Feuerwehren und zwei Skiclubs.

Die Marktgemeinde Garmisch-Partenkirchen hat heute zusammen knapp 27.000 Einwohner und mehr als 10.000 Gästebetten. Knapp 80 Prozent der Bevölkerung lebt vom Tourismus. Eine zentrale Rolle in der Vermarktung spielt natürlich die Zugspitze. So findet man an beinahe jeder Straßenecke eine Pension oder ein Hotel »Zugspitzblick«. Auch die sprudelnden Einnahmen der Zugspitzbahn fließen seit 1997 in die Gemeindekasse. Für 37 Millionen Mark erwarb man damals die Bayerische Zugspitzbahn AG. Es wäre aber nicht gerecht, den Ort lediglich auf die Zugspitze zu reduzieren. Allein die Lage im Loisachtal, umgeben von den Bergen des Wettersteins, des Estergebirges und der Ammergauer Alpen, ist einmalig. Sowohl Garmisch wie auch Partenkirchen haben sich ihren ganz eigenen Charme bewahren können. Wer mit offenen Augen durch den Ort wandert, dem werden die prachtvollen Malereien an den Wänden vieler Häuser auffallen. Das Werdenfelser Land zählt zu den Hochburgen der Lüftlmalerei. Besonders während der Barockzeit wurden ganze Fassaden mit Darstellungen der Muttergottes, von Christus, Bauernheiligen und großen Himmelsszenarien bemalt. Auch kulturell hat Garmisch-Partenkirchen einiges zu bieten. So tragen allein drei Theaterbühnen zur Abendgestaltung bei.

Fährt man von Garmisch-Partenkirchen weiter Richtung Mittenwald, dringt man immer weiter vor ins Herz des Werdenfelser Landes. Die Zugspitze und das Wetterstein immer fest im Blick. Nach ein paar Kilometern bergauf, auf halber Strecke zwischen Garmisch-Partenkirchen und Mittenwald, kommen die berühmten Buckelwiesen ins



Die Zugspitze von der Aidlinger Höhe nahe Murnau

Blickfeld. Die »buckeligen« Wiesen, die aufgrund ihrer Wellenform landwirtschaftlich nahezu ungenutzt bleiben, zählen mit ihren vielen seltenen Tier- und Pflanzenarten zu den schönsten Bergwiesen in den Bayerischen Alpen. In einem kleinen Tal am Fuße des Wettersteins haben in schönster Lage zwei Hotels der Luxusklasse ihre Pforten geöffnet. Beide Hotels liegen eingebettet zwischen blühenden Bergwiesen und den schroff abfallenden Wänden des Wettersteins in absoluter Traumlage.

Mittenwald kurz vor der Grenze nach Tirol ist nach Süden hin der letzte Ort des Werdenfelser Landes – aber auch einer der schönsten. Malerisch liegt er zwischen Karwendel im Osten und Wetterstein im Westen. Berühmt ist Mittenwald für zweierlei: Zum einen bewunderte bereits Johann Wolfgang von Goethe, der auf seinen Reisen nach Italien in Mittenwald haltmachte, die prachtvoll verzierten Fassaden. Er sprach von »lebendigen Bilderbüchern« an den Hauswänden. Zum anderen ist der Ort das Zentrum des Geigenbaus im ganzen Alpenraum. Der Mittenwalder Matthias Klotz eröffnete in den 1680er-Jahren die erste Geigenbauwerkstatt in Mittenwald. Bereits im 19. Jahrhundert war die Herstellung von Saiteninstrumenten die wichtigste Erwerbsquelle des Ortes. 1858 wurde die erste Geigenbauschule eröffnet. Die »Staatliche Berufsfachschule für Geigenbau und Zupfinstrumentenmacher« genießt heute weltweite Anerkennung. Am Unsinnigen Donnerstag – dem Donnerstag vor Aschermittwoch – ziehen dann die Maschkera durch den Ort. Der urige Fastnachtsbrauch lockt jedes Jahr Tausende Schaulustige an. Naturfreunde finden unzählige Wandermöglichkeiten, wie beispielsweise hinauf zu Lauter- und Ferchensee, zwei wunderschön gelegenen Bergseen ein paar Gehminuten oberhalb von Mittenwald.

Wir überqueren nahe der Leutaschklamm die Grenze nach Tirol und finden uns im engen Leutaschtal wieder. Das Leutaschtal ist ein ruhiges, einsames Hochtal, das sich auf rund 1.100 Metern Meereshöhe über 16 Kilometer von der Leutaschklamm im Norden, an der Grenze zu Bayern, bis zur hohen Munde im Süden erstreckt. Umrahmt wird das Tal von markanten Gipfeln, wie dem Hochwanner sowie der Dreitorspitze im Westen und der Arnspitze im Osten. Hier starten Touren zur Meilerhütte oder ins Puittal im Wettersteingebirge. Das Tal ist eine große, von eiszeitlichen Gletschern geformte Felswanne, gefüllt mit Schotter und Sedimenten. Es wird von der Leutascher Ache durchflossen, die sich an der Grenze zu Bayern durch die spektakuläre Leutaschklamm windet. Mehr als 1.000 Meter über dem Meeresspiegel gelegen, gilt das Leutaschtal als äußerst schneesicher. Darüber hinaus haben vom Westen her Schneewolken durch das Gaistal leichten Zugang und bringen oft meterhohen Schnee. Die Region hat sich zu einem Mekka für Langläufer entwickelt. Kilometerlang ziehen sich die Loipen während der kalten Jahreszeit durch das Tal. Im Süden des Leutaschtales zweigt das Gaistal nach Westen ab. Eingezwängt zwischen Wetterstein im Norden und Mieminger Kette im Süden, führt das für den öffentlichen Verkehr gesperrte Tal bis zur Ehrwalder Alm im Westen. Von hier aus ist es nicht mehr weit nach Ehrwald, dem Zugspitzort auf Tiroler Seite. Der kleine, verträumte Ort mit seinen knapp 2.500 Einwohnern liegt direkt am Westrand des Zugspitzmassivs am Lermooser Moos, einer ehemaligen Sumpflandschaft. Wie in Garmisch-Partenkirchen dreht sich hier alles um Tourismus und natürlich die Zugspitze. Von hier startet die Ehrwalder Zugspitzbahn auf den Gipfel. Einen tollen Blick auf das Zugspitzmassiv und die Mieminger Kette hat man von den umliegenden Bergen, wie beispielsweise dem markanten Daniel oder der benachbarten Upsspitze, die am nordwestlichen Rand des Ortes in den Himmel wachsen. Fährt man die Bundesstraße von Ehrwald Richtung Norden – zurück nach Bayern –, so schließt sich die Runde um die Zugspitze. Bevor man jedoch wieder nach Garmisch kommt, sollte man unbedingt noch einen Abstecher zum Eibsee direkt unterhalb der Zugspitze machen. Der Bergsee, der vor knapp 3.700 Jahren durch einen mächtigen Bergsturz entstand, ist ein wahres Juwel im Zugspitzland. An klaren Tagen leuchtet das Wasser des fast 35 Meter tiefen Sees türkisblau. Ein Weg führt rundherum und bietet immer wieder einen spektakulären Blick auf den See, die umliegenden Berge und die acht größeren und kleineren seiner Inseln.



Das Murnauer Moos ist noch dick mit Nebel eingepackt, Zugspitze und Alpspitze erstrahlen dagegen bereits im ersten Licht.

Garmisch-Partenkirchen in einer Vollmondnacht ...

... und in der Silvesternacht

Seite 76/77: Nur für ein paar Sekunden zeigte sich die Alpspitze über Garmisch-Partenkirchen, dann war sie wieder vom Nebel verschluckt.

Zwei Hotels buhlen um Gäste: links Schloss Elmau unter den Wettersteinwänden – und rechts »das Kranzbach«, nur einen Katzensprung von Elmau entfernt.

Seite 80/81: Blick über die Buckelwiesen auf das Zugspitzmassiv

Impressionen aus Mittenwald. Der kleine Ort liegt genau zwischen Karwendel und Wettersteingebirge.

Frühling in Mittenwald, im Hintergrund die Arnspitze

Frühmorgens auf dem Seinskopf. Im Hintergrund Wettersteingebirge und Zugspitzmassiv, tief darunter im Nebel das Werdenfelser Land

Die Zugspitze spiegelt sich im Moorgebiet »Sieben Quellen« nahe Eschenlohe.

Seite 86/87: Ein früher Wintereinbruch im Oktober am Seebensee. Im Hintergrund das Zugspitzmassiv

Das Wettersteingebirge von seiner eher unbekannten Südseite

Wintermorgen im Lermooser Moos nahe Ehrwald (links und rechts)

Einer der schönsten Seen rund um die Zugspitze: der Seebensee im Mieminger Gebirge. Im Hintergrund das Zugspitzmassiv

# Hinein ins Wetterstein

Viele Bergsteiger wenden sich mit Grausen ab, wenn sie nur den Namen Zugspitze hören. Auf diesem Berg, auf dessen Gipfel allein drei Bergbahnen führen, ist manchen einfach zu viel los. Wer es wirklich ruhig mag, der sollte sich fernhalten von den Bahnen, seine Wanderschuhe schnüren und den Berg und sein Gebirge zu Fuß erkunden.

Auf den Zugspitzgipfel führen drei klassische Routen. Die kürzeste, aber bergsteigerisch anspruchsvollste Tour führt durch das Höllental, vorbei an der Höllentalangerhütte über die Leiter und das Brett auf den Höllentalferner, von dort auf dem Klettersteig zur Irmerscharte und weiter auf die Zugspitze. Diese Variante sollten aber nur diejenigen wagen, die sich absolut trittsicher und schwindelfrei im Gelände bewegen können. Außerdem ist auf dieser Route an schönen Tagen die Hölle los. Wen diese Tour bergsteigerisch überfordert, dem ist zumindest die Wanderung bis zur Höllentalangerhütte zu empfehlen. Auf dem Weg zur Hütte muss man die gigantische Höllentalklamm passieren – ein richtiges Erlebnis. Der kleine Hammersbach windet sich hier durch eine enge Schlucht. Links und rechts ragen schroffe Felstürme in den Himmel. Von allen Seiten plätschert Wasser in die Klamm. Zu verdanken haben wir den Weg durch die Klamm Adolf Zoeppritz, der sich bereits im Jahr 1902 mit seinen Arbeitern daranmachte, einen Weg durch die Klamm zu bauen. Er benötigte drei Jahre, 2.500 Kilogramm Sprengstoff, 2.000 Meter Wasserrohr, 14.000 Kilogramm Eisen, 750 Drahtseile und 140 Zentner Zement, bis er den Weg am 15. August 1905 für die Allgemeinheit zugänglich machen konnte. Heute passieren jährlich 70.000 Menschen die Klamm. Ein paar Gehminuten weiter erreicht man die bereits 1893 erbaute Höllentalangerhütte. Für viele ist hier Endstation. Manche gehen noch weiter auf den Osterfelderkopf, manche versuchen sich an der Zugspitze.

Eine weitere, bergsteigerisch bei weitem weniger anspruchsvolle Route auf die Zugspitze führt durch das Reintal. Ausgangspunkt ist hier das Skistadion in Garmisch-Partenkirchen. Von dort geht es in die nicht minder spektakuläre Partnachklamm. Die über 700 Meter lange Klamm ist an manchen Stellen mehr als 80 Meter tief. Seit 1912 ist sie touristisch erschlossen. Schon zuvor wurde sie von den Einheimischen wirtschaftlich genutzt. Unter großen Gefahren wurde auf der Partnach Brennholz durch die Klamm vom Reintal nach Partenkirchen transportiert. Die Partnachklamm ist im Gegensatz zur Höllentalklamm auch im Winter geöffnet. In der kalten Jahreszeit verzieren gewaltige Eiswände die enge Felsschlucht. Riesige Eiszapfen fallen metertief von den steilen Wänden. Ein atemberaubendes Schauspiel. Hat man die Klamm hinter sich gelassen, so gelangt man ins Reintal. An heißen Sommertagen kommt einem die Wanderung durch das Tal wie eine kleine Ewigkeit vor. Zum Glück gib es auf dem Weg die kleine Bockhütte, an der man den ersten Durst löschen kann. Bis zur legendären Reintalangerhütte sind es von dort noch knapp 300 Höhenmeter – nicht mehr die Welt. Mit etwas Glück, vor allem im Frühling oder nach starken Regenfällen, kann man auf dem Weg dorthin noch ein kühles Bad in der Blauen Gumpe nehmen. Der kleine »Tümpel« ist eine wahre Augenweide, leuchtet er doch in schönsten Blau- und Türkistönen.

Nach vier Stunden ist die Reintalangerhütte erreicht. Berühmt wurde sie nicht unbedingt wegen ihrer schönen Lage, sondern wegen ihres Hüttenwirtes. Zwischen 1986 und 2009 bewirtschaftete der legendäre Charly Wehrle die Reintalangerhütte und machte aus der Übernachtung auf der Hütte ein ganz besonderes Erlebnis. Plötzlich flatterten buddhistische Gebetsfahnen an der Partnach, und die müden Bergsteiger wurden nicht mehr durch einen lauten, schrillen Wecker aus ihrem seichten Hüttenschlaf gerissen, sondern von zarten Klängen aus Charly Wehrles Hackbrett.

Von der Reintalangerhütte führt der Weg durchs Brunntal auf das Zugspitzplatt. An der Knorrhütte kann man sich noch einmal stärken, um die letzten knapp 900 Höhenmeter zu bewältigen. Auf halber Strecke kommt man am Gletscherrestaurant SonnAlpin vorbei. Wer jetzt keine



Lichtspiele in der Partnachklamm

Lust mehr auf Gehen hat, der nimmt von hier aus die Gipfelseilbahn und ist in fünf Minuten auf der Zugspitze. Wer den Berg wirklich erwandern will, der muss noch einmal eine bis eineinhalb Stunden aufwärts steigen.

Die dritte Aufstiegsvariante auf den Gipfel ist die wahrscheinlich unbekannteste und einsamste. Sie führt vom Eibsee – alternativ von der Zugspitzbahn in Ehrwald – über die Wiener-Neustädter Hütte und das Österreichische Schneekar auf den Gipfel. Der Weg führt größtenteils unter den mächtigen Pfeilern und den langen Kabeln der Tiroler Zugspitzbahn nach oben. Vom Eibsee sind es knapp 1.300 nicht zu unterschätzende Höhenmeter bis zur 1884 erbauten Hütte. Der Weg bis zur Hütte ist unproblematisch, aber lang. Von diesem Punkt an wird die Route hochalpin. Für die letzten 750 Höhenmeter durch das Österreichische Schneekar sind Trittsicherheit und Schwindelfreiheit absolute Voraussetzungen.

Nicht alle Wege im Wetterstein müssen zwangsläufig auf dem Gipfel der Zugspitze enden. Wer sich nach Ruhe sehnt, weg vom Trubel der Zugspitzbezwinger, für den ist im Wetterstein noch einiges geboten. Zwei Touren führen etwa auf die Meilerhütte unterhalb der Leutascher Dreitorspitze. Die eine beginnt nahe Schloss Elmau und führt über das legendäre »Schachenschloss« König Ludwigs II. von Bayern hinauf zur Hütte. Allein wegen des »Schlosses«, das von außen eher wie ein normales Holzhaus anmutet, ist der Weg empfehlenswert. Täglich werden Führungen angeboten, und wer schon einmal im »Türkischen Saal« mit seinen bunten Fenstern gestanden ist, der fühlt sich in die Zeit König Ludwigs zurückversetzt. Wenn man schon auf dem Weg zur Meilerhütte ist, sollte man dem direkt angrenzenden Alpengarten einen Besuch abstatten. Über 1.800 Alpenpflanzen blühen hier im Frühling und im Sommer. 1900 wurde der Garten, der heute eine Zweigstelle des Botanischen Gartens in München ist, angelegt und 1901 der Öffentlichkeit zugänglich gemacht. 500 Höhenmeter sind es von hier noch bis zur Meilerhütte, die wie ein Schwalbennest in einer engen Scharte klebt. Wer es noch einsamer und wilder mag, der geht von der Leutasch durch das wunderschöne Bergleintal. Aber Achtung! Im Sommer herrscht hier absolute Sonnenbrandgefahr, führt der Weg doch größtenteils durch baumloses Geröll.

Eine weitere wunderschöne Tour durch das »hintere« Wetterstein beginnt ebenfalls in der Leutasch, allerdings ein paar Kilometer weiter südlich. Dort wo das Leutaschtal in das Gaistal übergeht, lässt man sein Auto an einem der großen Wanderparkplätze stehen und macht sich auf in Richtung Wettersteinhütte. Knapp zwei Stunden geht man bis dorthin. Von hier aus hat man einen tollen Blick auf die Hohe Munde im Süden und die steil abfallenden Wände des südlichen Wettersteins im Norden. Konditionsstarke sollten aber noch weiter gehen. Ein kleiner Pfad führt durch das Scharnitztal auf das Scharnitzjoch und von dort auf die 2.367 Meter hohe Gehrenspitze. Die Aussicht von hier oben ist gigantisch: im Norden Leutascher Dreitorspitze, Schüsselkarspitze, Scharnitzspitze – alles absolute Kletterrefugien – und Hochwanner, im Osten die Berge des angrenzenden Karwendelgebirges, im Süden Stubaier Alpen und Mieminger Kette. Und was am schönsten ist, man ist fast alleine am Gipfel, nur wenige Wanderer verirren sich hier rauf. Wer ein wenig Zeit hat, der kann von der Gehrenspitze über den Südwandsteig, einen traumhaften Höhenweg entlang der Südwände des Wettersteingebirges, bis zur neuen Rotmoosalm wandern, dort übernachten und am nächsten Tag entweder wieder zurück zum Parkplatz oder weiter gehen, über das bewirtschaftete Steinerne Hüttl rüber zum Gatterl, dem Grenzübergang von Tirol nach Bayern. Die Gegend rund um das Gatterl ist atemberaubend. Steil fallen die Felswände hier ins Tal. Der Blick ins Reintal ist ein wahrer Augenschmaus. Am Gatterl muss man sich entscheiden: Dreht man um und wandert runter zur Ehrwalder Alm – von hier führt eine Gondelbahn runter nach Ehrwald –, oder nimmt man noch den langen Fußmarsch über die Knorrhütte und das Zugspitzplatt hinauf zum Zugspitzgipfel auf sich. In beiden Fällen muss man mit dem Bus zurück zum Auto in der Leutasch.

Abenddämmerung über dem Ehrwalder Becken, im Hintergrund der markante Hochvogel, der bereits zu den Allgäuer Alpen gehört

Fast hätte ich die wahrscheinlich berühmteste Tour im Wetterstein vergessen: den Jubiläumsgrat. Der hochalpine Steig führt von der Zugspitze hinüber zum Hochblassen und ist nur wirklich geübten Bergsteigern zu empfehlen. Die Tour dauert zehn bis zwölf Stunden und führt ins hochalpine Gelände. Trittsicherheit, Konditionsstärke und absolute Schwindelfreiheit sind Grundvoraussetzungen für den Jubiläumsgrat. Der Steig ist extrem ausgesetzt und zwischen Zugspitze und Innerer Höllentalspitze nur einen halben Meter breit. Manche Stellen sind versichert, einige mit Drahtseil, andere lediglich mit Haken zur Selbstsicherung. Viele unterschätzen die Länge, ohne Schatten im ausgesetzten Gelände, und den enormen Kraftaufwand der Tour. Fast jedes Jahr kommt es deswegen zu schweren Unfällen am Steig. Unter Bergsteigern zählt der Jubiläumsgrat zu den »Must-have-Touren« in den Alpen.

Die Wettersteinwand glüht im letzten Abendlicht.

Einer der markantesten Berge im Wettersteingebirge: die Leutascher Dreitorspitze

Seite 102/103: Blick ins Puittal – die Sonne lugt über die markante Gehrenspitze.

Von der Gehrenspitze bieten sich atemberaubende Blicke auf die zackigen Gipfel des hinteren Wettersteins (links und rechts).

Von allen Seiten rauscht Wasser in die wilde Höllentalklamm.

Im Winter wird die Partnachklamm zur »Wintermärchenwelt«.

Zweimal die Hohe Munde: links von der Gehrenspitze, rechts vom »Steinernen Hüttl«

Schafherde auf dem Scharnitzjoch

Auch im Wetterstein gibt's Liebliches: Blumen und sanfte Wiesenhänge.

Seite 112/113: Die Silhouette des markanten Predigtstuhl im südlichen Wetterstein

Predigtstuhl, Gaistal und Hohe Munde

Das Zugspitzplatt im ersten Licht

Gams im hinteren Wetterstein

Die Gehrenspitze, im Hintergrund die südlichen Ausläufer des Karwendelgebirges

Im Uhrzeigersinn: Das Schachenschloss, die Rotmoosalm, die Knorrhütte, die Meilerhütte

»Ein Bayerischer Kampfstier« nahe der Rotmoosalm

Seite 120/121: Im Vordergrund der Jubiläumsgrat, der von der Zugspitze zur Alpspitze hinüberführt, im Hintergrund die Leutascher Dreitorspitze und das Karwendel

# Das Wetterstein im Wechselspiel der Jahreszeiten

Was unsere Breiten mitunter landschaftlich so reizvoll macht, ist der Wechsel der Jahreszeiten. Die Landschaft verändert ihr Gesicht, ihre Farben. Den Wandel der Jahreszeiten im Gebirge, an einem Gebirgszug erleben zu dürfen, ist etwas ganz Besonderes. Vertraute Ausblicke und Perspektiven ändern sich plötzlich. Motive, denen man noch nie Beachtung geschenkt hat, werden plötzlich zum lohnenden Schnappschuss! Allein das Wechselspiel der Farben ist großes Theater. Im Winter dominiert im Gebirge Weiß, im Frühling Giftgrün, im Sommer Dunkelgrün bis Braun und im Herbst Gelb, Rot und Orange. Die Berge wandeln ihr Gesicht aber nicht nur durch die Verfärbung der Blätter oder mit dem Schnee, der sich über sie legt. Es ist auch das sich verändernde Licht, die verschiedenen Lichtstimmungen, die für bestimmte Jahreszeiten typisch sind und die mich immer wieder in ihren Bann ziehen.

Der Winter ist mir eine der liebsten Jahreszeiten. Die Landschaft zeigt sich tief verschneit, und die Sonne, die nahezu den ganzen Tag schräg am Himmel steht, zaubert ein fantastisches Licht auf die Berge. Alles ist ruhig, in Kälte erstarrt. Die Natur läuft nur auf halben Touren, so kommt es mir vor. Wer sich jetzt wegbewegt von den überfüllten Skigebieten, mit den Tourenskiern oder den Schneeschuhen die Bergwelt erkundet, der taucht in eine ganz besondere Welt ein. Für mich ist diese Bergwelt im Winter eine Welt aus einer anderen Zeit, einer Zeit, als die Berge noch nicht für den Massentourismus erschlossen waren.

Nach fünf bis sechs Monaten Winter freue im mich dann aber doch auf den Frühling, und der kommt langsam in den Bergen. Die ersten Anzeichen dafür, dass es wärmer wird, sind die Frühlingskrokusse, die sofort aus dem Boden treiben, wenn die Temperaturen das erste Mal die Zehn-Grad-Marke übersteigen. Sie sind die ersten Farbtupfer in den ansonsten noch graubraunen Bergwiesen. Besonders schön ist die Phase des Frühlings, wenn sich die Gipfel der hohen Berge noch tief winterlich weiß zeigen und die Hänge im Tal schon im saftigen Giftgrün leuchten. Die Luft ist im Mai wunderbar klar, die Temperaturen noch erträglich. Ende des Wonnemonats zeigen sich dann die Bergwiesen in den unteren Lagen in ihrer schönsten Blütenpracht. Frühlingsenzian, Stängelloser Enzian, Mehlprimeln und Trollblumen färben die Hänge in den schönsten Farben. In höheren Lagen zeigt sich der Frühling erst Ende Juni, da ist im Tal schon lange der Sommer eingezogen. Der Sommer ist für mich in den Bergen die »problematischste« Jahreszeit. Die Tage sind sehr lang, das Licht lediglich kurz nach Sonnenaufgang und kurz vor Sonnenuntergang richtig schön. Die Sicht ist oft getrübt, die Luft voller Dunst. Was mich am Sommer in den Bergen fasziniert, sind die Wetterumschwünge. Heftige Wärmegewitter entladen sich mit einer Urgewalt über den Bergen. Wer schon einmal ein Gewitter in den Bergen erlebt hat, der weiß, von welcher Urgewalt ich spreche. Bei Gewitter im Gebirge ist Vorsicht geboten. Immer wieder kommt es zu schweren Unfällen durch Blitzschlag. Dennoch, wer schon einmal erlebt hat, wie sich innerhalb weniger Minuten tiefdunkle Wolkentürme aufbauen, der wird mir recht geben: Dieses Ereignis ist unglaublich faszinierend. Die Luft nach einem solchen Wärmegewitter ist frisch und klar. Das Licht von einer ganz besonderen Intensität. Trotzdem, bereits im August fiebere ich dem Herbst entgegen. Die mit Feuchtigkeit getränkte Luft des Sommers weicht dann trockener, kühler, meist klarer Herbstluft. Schon im September beginnt sich die Vegetation in höheren Lagen zu verfärben. Spätestens wenn aus den dunklen Wäldern das laute Röhren der Hirsche zu hören ist, weiß ich, jetzt hat der Herbst Einzug gehalten. Im Oktober sind die Berghänge eine einzige Farbenpracht. Die Buchen leuchten im schönsten Rot, der Bergahorn zeigt sich tiefgelb. Die Wiesenhänge glitzern goldgelb, und der Himmel ist strahlend blau. Endlich kann man wieder Touren gehen, ohne Gefahr zu laufen, in ein heftiges Gewitter zu geraten. Die Temperaturen sind endlich erträglich. Sobald sich ab Mitte Oktober die Lärchen gelborange färben, ist der Höhepunkt des Herbstes erreicht. Im November, wenn fast keine Touristen mehr in den Bergen unterwegs sind, wenn nach einem umtriebigen Sommer und noch vor der geschäftigen Winter(ski)saison für kurze Zeit



Herbst am Fuße der Alpspitze

Frühlingskrokusse im Leutaschtal

Ruhe im Gebirge einkehrt, dann bin ich am liebsten mit meiner Kamera unterwegs. Der Himmel im November ist oftmals stahlblau, und die Sonne leuchtet nur noch aus einer sehr schrägen Perspektive. Die Täler versinken oft im dicken Nebel, die Gipfel sind von Sonne verwöhnt. Die Berge wirken plastisch, die Sicht ist unvergleichlich. Genau an solchen Tagen zieht es mich ins Wetterstein, auf die einsame Gehrenspitze oder den Schachen. Ich fühle mich dann eins mit diesem Gebirge – meinem Wetterstein.

Mehlprimeln auf den Buckelwiesen nahe Krün

Es ist Frühling: Die ersten Farbtupfer zeigen sich.

Ein Stängelloser Enzian vor den Wettersteinspitzen

Seite 128/129: Sommerliche Blumenpracht oberhalb von Wamberg

Im Sommer toben oft heftige Gewitter über dem Wettersteingebirge: Links entlädt sich eine Gewitterfront direkt über dem Wetterstein, rechts zieht die Gewitterfront ab – die Zugspitze glüht bereits wieder im Sonnenlicht.

Heumanderl vor Garmisch-Partenkirchen

Die prächtigen Alpenrosen blühen in der ersten Julihälfte.

Seite 134/135: Herbst in Ost-Kanada? Nein, am kleinen Riessersee zu Füßen von Alp- und Zugspitze

Herbstmorgen auf dem Seinskopf, im Hintergrund rot leuchtend das Zugspitzmassiv

Zu Füßen der Wettersteinspitzen hat der erste Frost Einzug gehalten.

Herbst im Leutaschtal – die Lärchen haben sich goldgelb verfärbt.

Die Höllentalspitzen ragen aus dem herbstlichen Nebelmeer.

Winterdetail knapp unterhalb des Zugspitzgipfels

Sonnenuntergang über der Oberen Isar, im Hintergrund als Silhouette das Zugspitzmassiv

Klares Winterlicht ist etwas ganz Besonderes: links auf das Zugspitzmassiv, rechts auf die Wettersteinspitze

www.rosenheimer.com

Alle Fotos und Texte im Buch und auf dem Titel stammen von
Bernd Römmelt, München, www.berndroemmelt.de
Kartenskizze Seite 4/5 : Ausschnitt aus der „Panoramakarte Bayerische und Allgäuer Alpen“,
Abdruck mit freundlicher Genehmigung des ALPEN-VERLAGS, München
Seitenlayout und Satz: Stefan Felder, SF-Design GmbH, Rosenheim
Bildüberarbeitung: Fotoweitblick Raphael Lichius, Bad Aibling
Druck und Bindung: Stürtz GmbH, Würzburg
Printed in Germany

ISBN 978-3-475-54151-3